L'ÉQUIPÉE.

L'ÉQUIPÉE,

POEME

HISTORI-COMIQUE,

EN SIX CHANTS.

A LONDRES,

Et A PARIS,

Chez la Veuve DUCHESNE, rue Saint-Jacques, au Temple du Goût.

M. DCC. LXXVI.

L

(

de
a8
fe
s'i
do
q
joi
C

AVIS
DU
LIBRAIRE.

ON dit que la gaîté est passée de mode, & qu'il n'y a plus actuellement que le peuple qui se permet de rire. Je veux voir s'il est vrai que l'humeur noire domine à ce point en France, qui a toujours été le séjour de la joie & de l'aimable plaisanterie. C'est pour faire cette expérience ſi curieuſe, que j'imprime le petit Poème que je préſente au Public. On m'objectera peut-être que je ſuis bien hardi de tenter des expériences à mes riſques & périls. Eh-bien ! je veux me ſacrifier pour connoître le goût de ma Patrie, & afin de rendre ſervice à mes Confrères, qui ſauront une bonne-fois pour toutes, quel eſt le genre d'Ouvrages dont ils doivent eſpérer du débit. D'ailleurs, je tâcherai de réparer promptement ma perte : ſi je ne vends pas toute l'Édition du Badinage que je publie aujourd'hui, je ferai imprimer bien vîte, l'*Histoire Tragique & Mémorable de tous les Scélérats qui ont été rompus à la Grêve* (*); & je promets que l'on trouvera dans ce Livre toutes

---

(*) Cet Ouvrage pourroit se faire, puisqu'on en a bien donné un en Angleterre intitulé : *The Annals of Newgate of Malefactors Register* : c'est-à-dire ; Les Annales de Newgate, ou Histoire de tous les Malfaiteurs qui ont été exécutés après avoir été renfermés dans cette prison ; par M. Villette, Aumônier ordinaire de Newgate: 4 vol. *in*-8. A Londres, chez Wenman, dans Fleet street.

les charmantes horreurs que peuvent desirer les imaginations les plus noires.

J'ai encore une autre ressource qui me tranquilise l'esprit; la voici : il peut arriver qu'on n'achète point mon Poème à cause de sa gaîté ; mais je suis certain d'en faire plusieurs Éditions, si j'en vends seulement un Exemplaire à chaque Neveu mécontent de son Oncle.

L'ÉQUIPÉE.

L'ÉQUIPÉE.

CHANT PREMIER.

MON Oncle eſt Chanoine à Cléry;
Il boit, mange & dort ſans ſouci,
Par la grace de Louis Onze :
Ce Prince avoit un cœur de bronze,
Beaucoup d'eſprit, peu de vertus;
Et pour vivre une heure de plus,
Il eut baiſé les pieds d'un Bonze :
Sa puſillanime frayeur
Donna la naiſſance au Chapître,

Où mon Oncle figure en titre,
Et végète au ſein du bonheur,
S'il s'en trouve dans la langueur,
Et dans un état apathique,
Où l'on perd les reſſorts du cœur.
Las de Paris & de ſa ſuite,
Qui ſouvent cauſent de l'ennui
Au Provincial qui l'habite,
Surtout quand il eſt dégarni
De l'argent qui fait le mérite;
Je pris un beau jour le parti
D'aller voir ce parent chéri,
Qui, comme un ténébreux Hermite,
Mettoit ſa famille en oubli.
Je ſais qu'il eſt Hétéroclite,
Et qu'il n'aime au monde que lui;
Mais malgré l'humeur qui l'agite,
Il eſt mon Oncle, Dieu merci.

De peur qu'il ne me déshérite,
Je crus lui devoir ma visite;
Et j'étois curieux aussi
D'aller admirer tout de suite
Le jardin riant & fleuri,
Qui par la Loire est enrichi
Jusques sur les bords d'Amphitrite.

Pour voyager avec honneur,
Je mis l'ordre dans ma finance;
Je voulois joindre la décence,
Au maintien d'un jeune Seigneur
De la moyenne conséquence,
Et montrer de l'extérieur,
Sans prodiguer trop la dépense.
Mon Oncle est simple & glorieux,
Il falloit éblouïr ses yeux
Et captiver sa bienveillance:

Ainſi pour ſaiſir l'apparence,
Par un appareil radieux,
Je choiſis un tems de vacance,
Et je m'équipai de mon mieux :
Pour me donner l'air le plus leſte,
Je fis faire une belle veſte,
Ét l'habit verd fut commandé ;
J'eus le petit chapeau bordé,
Une redingotte modeſte,
A l'épée un nœud cocardé,
Fins bas de ſoie avec le reſte ;
Et prenant le ton décidé
D'un Petit-Maître achalandé,
J'en voulus copier le geſte.
J'eſpérois en ſi bel état
Conquérir toute la Province,
Et me voir reçu comme un Prince,
Aux dépens du Canonicat,

Dont la nature eſt aſſez mince ;
Mais dont le Maître eſt délicat.
J'avois beſoin d'une voiture,
Et j'étois fort embaraſſé :
En la choiſiſſant lente & dure,
Je craignois d'être fracaſſé ;
Je ſoupçonnois que l'encolure
D'un voyageur tout haraſſé,
Rendroit l'oncle moins empreſſé,
Et qu'en faiſant triſte figure,
Je me verrois moins careſſé :
Je crus donc qu'il étoit commode
De me conformer à la mode,
En prenant un cabriolet
Joli, galand & bien fluet.
Or, je ne faiſois point de doute,
Qu'on ne reſpectât ſur la route
L'aſpect d'un nouveau Phaëton,

Menant ſon char comme Apollon.
Pour me fournir cette reſſource,
Il fallut énerver ma bourſe;
Je me démenai tant & plus,
Et je trouvai pour ſeize écus
Un cheval de longueur énorme;
Il n'étoit pas beau dans la forme,
Mais on me dit qu'il mangeoit peu,
Et qu'il avoit encor du feu:
Malgré mon peu de connoiſſance,
J'en devois avoir l'aſſurance:
Ses jambes en faiſoient l'aveu.
Pour le mettre plus à ſon aiſe,
Je fis, moyennant mes cent francs,
L'acquiſition d'une chaiſe
Auſſi mobile que les vents;
Et je ne me ſentis pas d'aiſe,
En me croyant déja dedans.

Je pris donc toutes mes meſures,
Je multipliai les apprêts,
Pour me tirer avec ſuccès
Des périlleuſes avantures,
Eſpérant, après tant de frais,
Vôler à des conquêtes ſûres.
Muni d'un bon porte-manteau,
Et poudré comme un jouvenceau,
Je partis le vingt de Septembre.
Le tems étoit frais, étoit beau;
Et je ne laiſſai dans ma chambre
Rien qui put tenter les filoux
A venir forcer mes verroux.
Enchanté de mon Bucéphale,
Et charmé du cabriolet,
Je traverſai la Capitale,
En faiſant claquer mon fouet,
Pour en impoſer au projet

Des fiacres, dont l'humeur brutale
Oſeroit croiſer mon trajet.
Mon cheval à perte d'haleine,
Pour honorer ſon Conducteur,
Me conduiſit au Bourg-la-Reine,
Où j'entrois en triomphateur,
Quand, voulant couper une ornière,
L'animal rompit ſa croupière,
Et nous obligea d'enrayer
Devant la porte d'un Bourlier.
La diſgrace fut réparée.
Mais en traverſant Long-Jumeau,
Survint un accident nouveau;
Notre bride fut lacérée,
Et la ſangle auſſi délabrée,
Me contraignit chez un Sellier
D'attendre encore & de payer.
Je me faiſois déja reproche

D'avoir pris un train ſi léger,
Qui m'expoſoit à voyager
Sans ceſſe la main à la poche,
Avec les riſques menaçants
De coucher au milieu des champs;
Mais je n'y pouvois plus rien faire.
Je repris mon train ordinaire,
Pour deſcendre dans Arpajon;
L'on y rajuſta ma têtière,
Et l'on remit quelqu'ardillon
Auprès de la ſouventière;
Mon cheval y mangea du ſon;
J'y fis auſſi mauvaiſe chère;
Et je me flattois que tous deux,
En nous tenant le ventre creux,
La bête en ſeroit plus légère,
Et que nous n'en irions que mieux.
Je maudiſſois la chevauchée;

Mon cheval ſec & courageux
Avoit une cuiſſe écorchée,
Et, par des efforts généreux,
Il vouloit gagner la couchée.
C'étoit chez un de mes amis,
Qui m'avoit conté dans la rue
Qu'il poſſédoit dans le pays
Une maiſon très-peu connue
Et charmante, quoiqu'exigue,
Mais qu'il avoit quatre ou cinq lits,
Avec deux arpents d'étendue:
Je penſai que dans ce logis
Amicalement & *gratis*,
Ma viſite ſeroit reçue.
Je fis une information,
Et je crus à perte de vue
Entrevoir l'habitation;
Mais je n'eus d'indication

Que pour commettre une bévue.
Je questionnois avec soin
Toute bête grande ou petite,
Et je m'efforçois d'aller vîte :
On m'envoyoit toujours plus loin,
Sans montrer à mes yeux le gîte,
Dont je sentois un grand besoin ;
Et bientôt seul comme un Hermite,
Je vis du chaume & puis du foin.
Très-peu d'arbres, beaucoup de pierres,
Et d'assez profondes ornières,
Me donnèrent un vrai tintouin.
J'étois dans un pays fertile,
Dont tous les Châteaux sont en Ville ;
Et mon compagnon déja las,
N'avançoit plus qu'au petit pas.
Ma topographie étoit fausse ;
Je vis que je m'étois perdu,

Et ne ſavois à quelle ſauce
Mettre ce malheur imprévu,
Quand, par haſard, un Malôtru
M'apprit que j'étois dans la Beauce,
Et que j'avois toujours couru
Après un Bourgeois inconnu.
Mais pour m'allarmer davantage,
Tout bonnement il m'aſſûra,
Qu'en allant ſix-mille au-delà
Je pourrois trouver un Village,
Où moi, ma bête & l'équipage
Serions reçus pour de l'argent.
J'avancai donc en enrageant;
Mais ne connoiſſant ni la carte,
Ni les débouchés du pays,
Plus j'avance, plus je m'écarte,
Et j'ignore enfin où je ſuis.
J'étois haraſſé de fatigue. . . . .

Mais avant de ſortir d'intrigue,
Reſpirons & n'empêchons pas
Le Lecteur, qui peut être las
En ſuivant mon itinéraire,
De prendre un repos ſalutaire :
Dans l'inſtant, s'il veut ſommeiller,
Gardons-nous bien de l'éveiller,
Par la ſuite de l'élégie;
Ou, ſoit dit avec modeſtie,
Si le repos n'eſt ſon plaiſir,
Gardons-nous bien de l'endormir.

Fin du premier Chant.

CHANT II.

LE Soleil menoit ſa voiture,
Et je guidois la mienne auſſi ;
Mais tout prêt d'être enſeveli
Dans le ſein d'une nuit obſcure,
J'étois moins fortuné que lui,
Puiſque ſa couchée étoit ſûre ;
La mienne n'étoit pas ainſi :
Un cercle parſemé d'étoiles,
Me laiſſoit errer dans les champs,
Tandis que Thétis dans ſes toiles
Lui préparoit de doux moments.
Il coucha, ſans doute, avec elle ;
Pour moi je trouvai par haſard
Une miſérable tourelle,

Où je gîtai ſous un hangard,
Avec ma paiſible haridelle,
Qui de mes malheurs prit ſa part,
Sans que ni mâle, ni femelle
Put nous offrir de la chandelle,
Du pain, du vin, du foin, du lard.
J'étois dans la pauvre chaumière
D'un miſérable Vigneron,
Qui, par grace ſingulière,
M'avoit reçu dans ſa priſon,
Pour y partager la litière
De ſa vache & de ſon ânon.
J'y vécus de pommes de terre,
J'y bus de l'eau comme un poiſſon,
Quoique la liqueur fut amère;
Et je paſſai la nuit entière
Sur un baſt à califourchon,
En grattant juſqu'à la cuiſſon,

Avec une main meurtrière,
Mon corps plein de démangeaiſon,
Soit par devant, ſoit par derrière.
Arachné par tout le taudis
Avoit prodigué ſa tenture;
Et les rats avec les ſouris
Vouloient grignoter ma chauſſure.
Dès les trois heures du matin
Je fus béqueté par les poules,
Qui venoient d'un logis voiſin;
Et me ſentant couvert d'ampoules,
Je crus que j'avois le farcin.
Pour quitter mon humble retraite,
J'eus bien-tôt finis ma toilette.
Mon premier ſoin fut d'aller voir
Le compagnon de ma miſère,
Que j'avois laiſſé vers le ſoir,
A deux pas loin de ma litière.

Ah! ſi j'avois du vieil Homère,
L'enthouſiaſme & le ſavoir,
J'aurois encor peine à vous faire
L'ébauche de mon déſeſpoir,
Quand je le vis giſſant par terre,
Se roulant, faiſant entrevoir
L'excès d'une ſouffrance amère.
Son œil me paroiſſoit éteint;
Je crus lui trouver de l'enflure;
Mon Hôte obligeant qui ſurvint,
M'aſſura qu'il étoit atteint
D'une pénible morfondure,
Et que pour tempérer le mal,
Jamais dans ſa contrée obſcure
On n'avoit vu de Maréchal,
De Chirurgien, d'Hôpital,
Ni gens connoiſſants la nature
Soit de l'homme, ſoit du cheval.

Il fallut conſoler la bête,
Qui luttoit contre le trépas ;
Je lui frottai les pieds, la tête ;
Mais le pauvre animal, hélas !
En pettant mourut dans nos bras.

Une ſi cruelle avanture
Me parut l'excès du guignon.
Je fis préſent au Vigneron
Des réſidus de ma monture ;
Mais il fut inſenſible au don,
En diſant que la pourriture
Souleveroit tout le canton,
Et qu'on lui diroit quelqu'injure,
S'il n'évitoit l'exhalaiſon,
En enterrant la créature :
Je convins qu'il avoit raiſon ;
Mais je n'avois plus de voiture

Pour emporter mon compagnon ;
J'avertis donc mon Beauceron
De prévenir l'odeur mal ſaine,
Qui pouvoit infecter les airs,
Et je lui donnai pour ſa peine,
Vingt-quatre ſols avec les fers.

Il me falloit un équipage
Pour regagner le grand chemin :
Heureuſement près du Village,
Mon Hôte avoit certain Couſin,
Poſſeſſeur d'un bas guilledin,
Qui le ſervoit avec courage,
En portant au pays Chartrain
Des œufs, du beurre & du fromage.
Je voulus voir ce bel objet ;
J'offre ſix francs pour le louage,
Et le marché fut bientôt fait.

Je pris donc ce mince bidet,
Pour en faire mon attelage.
L'animal eut ſon Précepteur,
Qui, comme un ſage Conducteur,
Devoit dans le cours du voyage,
Nous ſauver d'un ſecond naufrage.
Notre Vigneron remercié,
Mit deux bons écus dans ſa bourſe,
Et nous ſuivîmes dans ſa courſe
Le Guide qui marchoit à pied,
Sans riſquer de ſe mettre en nage,
Tant étoit doux notre attelage,
Et notre pas lent, réfléchi.
Mais des cieux la chaleur mortelle,
Nous faiſoit bouillir la cervelle,
Et nous étions morts à midi
En arrivant dans Etrechy.
Préſumant que l'eau ſeroit bonne,

J'en avalai près d'une tonne,
Et fus dans un grenier à foin,
Pour m'y rafraîchir ſans témoin.
Ma voiture étoit dans la rue ;
Mon Conducteur las, accablé,
Au lieu de la garder à vue,
Pour boire s'étoit attablé,
Et confondu dans la cohue,
Il s'eſcrimoit ſur du ſalé.
Un Roulier mal-à-droit s'approche
De mon frêle cabriolet ;
Il tombe deſſus, il l'accroche,
Et l'écraſe comme un poulet.
J'entends un effrayant murmure,
Je frémis, j'accours, je deſcends. . . .
O Ciel ! . . . . une roue en fracture,
L'eſſieu briſé ſur les paſſans,
Et la caiſſe en déconfiture,

Frappent mes yeux, glacent mes ſens.
Mes chers amis, je vous aſſûre
Que Minerve dans les combats
Fut moins ſenſible à ſa bleſſure,
Que je ne le fus à l'injure,
Qui pulvériſoit ma voiture,
Dont je n'avois que des éclats.
Je me mets en fureur, je jure,
Et je veux prouver aux paſſants,
Que c'eſt une juſtice pure
Que de me rendre mes cent francs,
Pour me payer de la fracture
Qui me laiſſe au milieu des champs:
Le peuple rit de l'avanture,
On plaiſante ſur ma poſture,
Et j'en ſuis pour mes juremens.
Le Roulier dit que c'eſt ma faute,
Et que je m'étois mal rangé;

Qu'ainſi je l'avois obligé
D'être prêts de moi côte-à-côte,
Sans pouvoir éviter le choc;
Le Couſin de mon dernier Hôte
Juroit auſſi d'une voix haute,
En criant *ab hac & ab hoc;*
Je voulus tirer mon épée
Et ſuivre mon emportement;
Mais l'on m'obſerva prudemment
Que je ferois une Équipée,
Et qu'en agiſſant chaudement
Ma bravoure ſeroit trompée :
Sept ou huit Rouliers vigoureux
Faiſoient cauſe commune entr'eux,
Et je riſquois que la cohorte,
Ne m'étrillât de bonne ſorte;
Car, quand ils ſe ſentent nombreux,
Sur la route on les voit hargneux,

Et prêts à ſe prêter main forte;
Dieu tonneroit en vain ſur eux,
Dès que la fureur les tranſporte:
Il fallut donc calmer mes feux,
Et tout bas exhaler ma rage,
En laiſſant paſſer ſans carnage,
Le fier & robuſte convoi
D'une caravane ſauvage,
Qui juroit encor mieux que moi,
Et plaiſantoit mon équipage.
J'étois auſſi perſécuté
Par mon Conducteur mercenaire,
Qui me demandoit un ſalaire,
Parce qu'on avoit culbuté
Son criquet valétudinaire,
Et qu'on avoit preſque érinthé,
Quoique pourtant il eut coûté
Vingt francs à la foire dernière.

Mais

Mais à la fin je le fis taire,
En uſant avec fermeté
Des termes du Dictionnaire,
Qui ſur les ports eſt uſité.

Ma voiture étant en charpie,
Pour réparer cet accident,
Il falloit dans l'Hôtellerie
Perdre mon tems & mon argent;
Je pris le parti de la vendre
Pour le prix qu'on m'en donneroit :
Un des gros Bourgeois de l'endroit,
Se mit ſur les rangs pour la prendre;
Il ne m'en offrit qu'un louis;
Mais n'ayant pas le tems d'attendre,
Je conclus & la lui vendis.

Mais ici faiſons une pauſe;

Ne fatiguons point le Lecteur,
Et ne surchargeons point la dose,
De peur d'exciter son humeur,
Et que tombant dans la langueur,
Il ne s'assoupisse & ne glose.

Fin du second Chant.

CHANT III.

LE triſte ſort de ma voiture
Et de mon cheval trépaſſé,
Me ſembloit de mauvais augure,
Et j'étois décontenancé.
Il falloit avec diligence,
Pour ſortir de ma réſidence,
Trouver une commodité,
Qui, ſans excéder ma finance,
Me conduiſit à la cité,
Où notre Pucelle Amazonne,
Malgré les Anglois envieux,
Remit par ſon bras valeureux
Le bon Charles-Sept ſur le trône,
Qu'avoient occupé ſes ayeux.

J'apperçus une cariole
Où ſe veautroient deux Payſans;
Sans façon, je montai dedans;
Et pour le quart d'une piſtole,
Faiſant près d'eux la capriole,
Et tenant des propos plaiſants,
Malgré les ſauts & les élans
Qui nous étouffoient la parole,
J'entrai tout fier dans Orléans.
Mais ce ne fut qu'à mes dépens:
L'eau que dans le jour j'avois bue,
Etoit ſaumâche & par trop crue;
La liqueur miſe en mouvement
Par la ſecouſſe diabolique,
Me fit avoir une colique,
Qui me cauſa bien du tourment;
Mes boyaux grondoient en muſique;
Et, preſſé par le dévoîment,

Je m'arrêtois à tout moment :
Je fus contraint, d'un front cynique,
De chercher du ſoulagement.
Juſques dans la place publique,
Où je fus traité durement
Par le Maître d'une boutique,
Qui vint me faire honteuſement
Relever ma pauvre tunique,
Et qui prit juſte le moment
Où j'évacuois amplement
La cauſe du mal tyrannique.

Nous avions très-longtems marché,
Pendant le ſoleil & la pluie ;
Mon palais étoit déſſeché ;
La nuit paroiſſoit rembrunie,
Et je brulois d'être couché.
Je cherchai quelqu'hôtellerie,

Où l'on vécut à bon marché,
Et j'allai nicher *à la Pie*,
Mon poſtérieur écorché.
Je n'y pris qu'un bouillon d'eau claire,
Et je paſſai toute la nuit
Aſſis auprès d'une goutière,
Dans le coin d'un ſale réduit,
Où j'avois conſtamment affaire,
Quoique mon nez dû s'y déplaire.
Enfin, le matin, accablé
De tourmens & de laſſitude,
Mais ne me ſentant plus troublé
D'une active ſollicitude,
Je réformai mon attitude,
Et je fus ſur le Port-au-Blé.
J'admirai ce pont magnifique
Bâti ſur un fleuve pompeux,
Dont le cours large & ſinueux,

Accroît la richesse publique ;
L'ouvrage en est majestueux,
Et ne cède en rien à l'antique ;
Mais j'aurois été curieux
D'y voir cette pucelle unique,
Qui se signala dans ces lieux
Par une valeur héroïque :
Malgré ses exploits glorieux,
On l'a dérobée à nos yeux ;
Et l'ingratitude me pique.

Avec l'attirail d'un bandi,
Échappé des mains de la Parque,
Je pris place dans une barque
Pour descendre jusqu'à Cléry.
Nous étions six de compagnie.
On déjeûna, l'on but, l'on rit ;
En chantant, en faisant orgie,

Je retrouvai mon appétit,
Ma vivacité, ma folie;
Et tout doucement on me mit
Dans le ſéjour, où loin du bruit
Mon cher Oncle paſſe ſa vie.

L'eſpoir de voir un bon Parent,
Me rendit mon air conquérant.
Guéris de toutes mes allarmes,
Je me mis d'abord ſous les armes;
Et j'entrai dans l'appartement,
En faiſant un beau compliment.
Mais loin de m'arroſer de larmes,
L'Abbé fut inſenſible aux charmes,
Qu'inſpire la force du ſang.
Il ne me regarda qu'à peine,
Et me dit, que j'avois grand tort
De quitter les bords de la Seine,

Pour arriver jusqu'à son bord,
Et venir voir s'il étoit mort. —
« Crois-tu, dit-il, que je t'héberge,
» Lorsque tu viens dans ma maison
» Loger comme dans une Auberge,
» Où l'on s'installe sans façon ? » —
Je prétextai que la tendresse,
Le respect, l'amour du devoir
M'imposoient la loi de le voir.
Il rit de ma délicatesse ;
D'un ton sec glaçant mes esprits,
Il s'informa, plein de rudesse,
Quand je repartois pour Paris :
Il ne dit pas la moindre chose
De tous ses Parents & des miens ;
Il resta même bouche close
Sur ses amis les plus anciens.
Après une assez longue pause, —

« Je n'aime point, s'écria-t-il,
» Les viſites de contrebande,
» Et je trouve fort incivil,
» L'Hôte qui vient ſans qu'on le mande.
» Je dois partir demain matin,
» Pour aller paſſer la quinzaine
» Chez un Chanoine, mon voiſin,
» Dont le goût délicat & fin
» Me promet une bonne aubaine;
» Un de mes Confrères m'y mène;
» Je ne dois pas pour tes beaux yeux,
» Rompre un voyage gracieux,
» Dont je me ſuis fait une fête,
» Ni te laiſſer ſeul en ces lieux ». —
Confus, à ces propos fâcheux,
Je baiſſai l'oreille & la tête,
Et je reſtai ſilencieux. —
« Avant que de prendre ſéance,

» Tu peux, pourſuivit-il, d'avance
» Me faire déja tes adieux,
» Et voir où tu trouveras mieux.
» N'accuſes que ton imprudence;
» L'état où je vis me diſpenſe
» De me gêner pour des Neveux,
» Toujours ingrats & curieux ». —
Je n'oſai défendre ma cauſe,
Et l'aurois entrepris envain;
Mais je dis que j'avois grand faim.
Il prit l'air encor plus moroſe : —
« Je plains, me dit-il, ton deſtin,
» Si tu croyois faire un feſtin;
» Nous n'avons pas ici grand choſe;
» Je dîne & je ne ſoupe point,
» De peur d'avoir trop d'embonpoint».

Alors ſa vieille Gouvernante,

Qui d'une plus jeune étoit Tante,
Se mit en pied pour s'occuper
Des apparences d'un ſouper.
La table fut bientôt dreſſée;
L'on ſervit une fricaſſée,
Où l'on avoit mis en hachis,
Le plus vieux mouton du pays.
J'en avois la dent émouſſée,
Et ma langue étoit agacée
Par la verdeur de ſon vin gris.
Quelques noix avec du fromage
Me furent ſervis pour deſſert;
Je n'en mangeai pas davantage:
Enſuite on ôta le couvert.
Mon cher Oncle alla dans l'Office,
Où la Gouvernante novice
Le récréa d'un conſommé,
Dont j'avois le nez enbaumé:

A leurs regards, à leur langage,
Je vis le fortuné présage
D'un intime & tendre concert;
Et l'on craignoit sur le ménage,
Que je n'eus un œil trop ouvert.
Je baillois à leur bavardage,
Dont le ton n'étoit pas disert;
Et chacun fut se mettre en cage,
Pour rendre au sommeil son hommage.

Je fus coucher dans un lit vert,
Qu'on gardoit au troisième étage
Pour les Moines du voisinage,
Qui venoient quêter le couvert.
J'avois un couvre-pied d'aumusses,
Dont les antiques résidus
Ensemble avoient été cousus.
Les punaises avec les puces

Comptèrent faire un bon repas;
Mais je n'étois pas aussi gras,
Que leurs amis les Piquepuces:
Cependant il en vint un tas:
Ardentes à la picorée,
Dès que je fus entre deux draps,
Ma chair vivement dévorée,
Devint l'objet de leur curée;
Je ne dormis que par extraits,
En grimaçant de leur piquure,
Et passai la nuit, je vous jure,
Percé de mille & mille traits.

J'aurois dû prévoir l'avanture,
Et ne point venir tout exprès
Pour apprendre que par nature,
Un Oncle a souvent l'ame dure.
Le mien est un gros égrillard,

Toujours joyeux, toujours bavard ;
Et quand le plaiſir ſe préſente,
Il en prend la meilleure part.
Sans qu'aucun ſouci le tourmente,
Il cherche les plaiſirs, le vin,
Et ſans connoître le chagrin,
Il ſe chérit lui-même & chante
Bien mieux à table qu'au lutrin.
Que ſa deſtinée eſt brillante !
Un Canonicat eſt charmant ;
Mais pour s'en montrer toujours digne,
Il faut chérir uniquement
Le repos, l'argent & la vigne.
Or, mon Oncle a ces qualités ;
Il auroit pu faire un bon Moine,
Parmi des fainéants rentés ;
Et c'eſt un excellent Chanoine.
Sans famille, ſans embarras,

Par desœuvrement il récite
Un Bréviaire qu'il n'entend pas.
Vers les dix heures, il s'allite;
Midi le trouve dans les draps,
Et l'appétit le sollicite
A quitter sans regrèt son gîte,
Pour s'empiffrer d'un bon repas.
Une Méridienne ensuite
Le délasse sans qu'il soit las;
Et la semaine des jours gras,
Est une octave favorite
Dont il célèbre les appas,
Sans que le Carême l'invite
A rien retrancher de ses plats.
Quoiqu'à tout propos il annonce,
Qu'à manger le soir il renonce,
En dînant il ne pense à rien,
Qu'à savoir s'il soupera bien.

Mon eſpérance étoit dupée ;
Honteux de ma belle Équipée,
Je rêvois dans mon galetas,
Et mon ame préoccupée,
Songeoit à ſortir d'embarras.
Confus de mon ſot perſonnage,
Je réſolus avec courage
De partir dès le lendemain,
Et d'affronter le Parentage,
Sans marquer le moindre chagrin.
Je conçus auſſi le deſſein
D'être dorénavant plus ſage,
Et de mieux ſonder le terrein
Avant de me mettre en voyage.

Le lendemain, dès qu'il fit jour,
Je raſſemblai tout mon bagage,
Et je deſcendis dans la cour,

Près à monter en équipage.
Mon Oncle parut à ſon tour,
Et me faiſant meilleur viſage,
Il me dit que j'avois raiſon
De vouloir quitter ſa maiſon,
Puiſqu'il ne tenoit plus ménage. —
« Mon Oncle, lui dis-je, je ſens
» Que j'ai pris au plus mal mon tems,
» Pour venir vous rendre viſite;
» J'ai mal connu vos ſentiments;
» Ainſi promptement je vous quitte.
» Mais mon embarras le plus grand,
» C'eſt de vous quitter ſans argent.
» J'ai des frais qu'il faut que j'acquitte:
» Cinq ou ſix louis ſeulement
» Me feroient regagner mon gîte,
» Sans regret & commodément.
» Prêtez-moi du moins dix piſtoles,

» Pour me dégager de paroles ;
» Vous le devez pour votre honneur,
» Puiſque ma mère eſt votre ſœur ». —
« Ma foi, reprit-il, c'eſt ta faute ;
» Et ſi tu m'avois conſulté,
» Tu ſerois bonnement reſté
» Dans ta maiſon avec ton Hôte.
» N'ayant jamais de ſuperflu,
» Je ne puis donner un écu ;
» Les réparations nous minent,
» Les bleds ne ſe vendent pas bien,
» Les impoſitions me ruinent,
» Et les vins ſe donnent pour rien.
» Je n'ai pas trop pour ma dépenſe :
» C'eſt pourquoi je crains l'exigeance
» De la part d'avides Parents.
» C'eſt à ceux qui font des enfans,
» A pourvoir à leur ſubſiſtance.

» C'eſt pour vivre moins à l'étroit,
» Que j'ai pris l'Ordre de Prêtriſe;
» Ma famille n'a point de droit
» Sur les revenus de l'Egliſe.
» Ainſi n'attendez rien de moi
» Qu'après avoir vu mon convoi.
» Un Prêtre doit vivre à ſa guiſe,
» Et penſer ſeulement à ſoi.
» Ne crois pas que jamais je donne,
» Ni ne prête rien à perſonne,
» Fut-ce au meilleur de mes amis;
» Je me le ſuis toujours promis ». —
Sa harangue à peine étoit faite,
Qu'il vit paſſer une charrette :
Il cria bien fort d'arrêter,
En m'invitant à profiter
De l'occaſion favorable,
Pour retourner voir Orléans,

Paris & ſes bords raviſſants,
Il m'embraſſa d'un air affable,
Et m'aida d'un bras ſecourable
A monter, à grimper dedans
Un trémouſſoir bien formidable.
J'obéis d'un air agréable;
Mais je maudiſſois dans mes dents
Le cœur de cet Oncle intraitable,
Que je donnai tous bas au Diable,
En dépit de ſon Onction,
Sans avoir la tentation
De recevoir au préalable,
Sa douce bénédiction.

Pour moi quelle funeſte aubaine!...
Mais il faut m'arrêter ici,
Pour que le Lecteur attendri
De l'injuſtice & de la peine,

Que me cause un Oncle endurci,
Ait le tems de reprendre haleine;
Et que je la reprenne aussi.

Fin du troisième Chant.

CHANT IV.

ME voilà donc encore en route,
Mal gîté, par un mauvais tems,
Et le grand trot que je redoute,
Vient renouveller mes tourments.
Mais d'une Province fleurie
Je revois bientôt le chef-lieu,
Et je jurai que de ma vie
Je n'irois voir l'homme de Dieu,
Dont une insigne Goinfrerie
Avoit fait un Fesse-Matthieu.

J'avois encore dans ma poche,
De quoi prendre une place au coche:
Je me rendis donc au bureau;

Et pour attendre l'aſſemblage
Des compagnons de mon voyage,
Je me fis donner un morceau
De pain bis avec du fromage,
Et ne voulus point boire d'eau
De peur d'y trouver mon Bourreau.
Mon œil toujours en ſentinelle,
Vit s'approcher une Donzelle,
Brillante de diamants faux;
Quoiqu'elle eut l'air d'une haridelle,
Son œil avoit une étincelle
Qui ſcintilloit à tout propos;
Et nous crûmes à certains mots
Qu'elle étoit foiblement pucelle.
Elle avoit un chien aſſez gros,
Qu'elle portoit ſous ſon aiſſelle,
Et qui montroit par fois les crocs;
La bête qui n'étoit pas belle,

Avoit

Avoit un peu de gale au dos,
Et ſa diſtilante prunelle
Se diviſoit en deux ruiſſeaux,
Qui, formant un déluge d'eaux
Le long du ſein de la Donzelle,
Humectoit ſa flaſque mamelle,
Qui ſe promenoit à grands flots;
Malgré cette gêne éternelle,
Notre jaboteuſe femelle,
En s'attendriſſant ſur ſes maux,
Juroit de lui reſter fidelle
Juſqu'à ce qu'il eut les yeux clos:
Mais malgré des aveux ſi beaux,
Il ne couchoit point avec elle,
De peur qu'au ſein de ſon repos,
Dévoré d'une faim cruelle,
Il ne l'eut priſe pour un os,
Et ne la rongeât comme telle.

On mit au fonds la jouvencelle,
Pour la garantir des cahos.
Nous jugeâmes à ſon propos
Et même à ſon regard lubrique,
Qu'elle avoit été des ſuppôts
De quelque théâtre lyrique.
Succeſſivement chacun vint
Avec ſon ſac ou ſa beſace;
Et ſuivant l'ordre, l'on parvint
A ſe cantonner dans ſa place.
Au fonds, étoit un coupe-choux,
Qui, retrouſſé juſqu'aux genoux,
S'en alloit par des propos dignes
Faire contribuer les vignes,
Pour procurer de la boiſſon
Aux fainéants de ſa maiſon:
Deſſous ſa noirâtre crinière,
On voyoit un feu lumineux,

Et l'épaiſſeur de ſa paupière
Rompoit les rayons de ſes yeux,
Comme le taillis ombrageux
Rompt les efforts de la lumière,
Que le Soleil darde des Cieux:
Sur les Pères, ſur l'Ecriture,
Ce n'étoit pas un grand docteur;
Il parloit peu du Créateur,
Et beaucoup de la créature;
Il ne ſavoit point de latin,
Et montroit par ſes apoſtilles,
Qu'il chériſſoit beaucoup le vin;
Il rioit d'être Franſciſcain,
Pour s'immiſcer dans les familles.
Tout vis-à-vis, ſur trois mentons
S'élevoit le chef d'un Chanoine,
Diapré de rouges boutons,
Et gras comme un des compagnons

Du ſolitaire Saint-Antoine.
Il faiſoit bavarder le moine,
Et l'encourageoit d'un ſouris,
Saupoudré d'un air de mépris ;
En voulant jouer la fineſſe
Il n'étoit rien moins que ſubtil ;
Il ſe tranſportoit, diſoit-il,
Pour venir chercher une Niéce,
Qui ſurvint à tous ſes beſoins
Dans les malheurs de ſa vieilleſſe ;
Et qui put lui donner ſes ſoins.
Il s'étoit chargé d'une Cure,
Sans s'être autrement conſulté ;
Mais ne ſachant pas l'Ecriture,
Et voulant vivre en liberté,
Sans pratiquer une loi dure,
Le bon-homme avoit permuté,
Et ſuivoit la loi d'Epicure :

Mille pas à peine étoient faits,
Qu'il dormit, ronfla comme un dogue:
Nous crûmes entendre un orgue,
Dont on enfloit tous les soufflets:
Au bout d'un quart-d'heure, notre homme
Revint en sursaut de son somme,
Engorgé d'un flux de tabac,
Qui lui pleuvoit sur l'estomach:
Par des hoquets, par des nausées,
Il prouvoit qu'un bon déjeûné
L'avoit amplement façonné;
Et nous craignions quelques fusées,
Par les mouvemens élancées;
Mais le Ciel a pitié des siens;
Il marmotta sur son Breviaire,
Et fit tout bas une prière
Pour la prospérité des biens,
Qui restoient encor sur la terre;

Enſuite il chercha les moyens
De multiplier les denrées,
Et de fournir aux citoyens
A chaque repas quatre entrées :
Dès qu'il eut fini ſon récit
Sur le vin, le bois, la chandelle,
Le ſaint homme ſe rendormit,
Et n'en ronfla que de plus belle.
Certaine vieille roupilloit
Vis-à-vis du ſaint perſonnage :
Son corps n'étoit qu'un cartilage,
Et ſa tête qui brandilloit,
N'offroit plus forme de viſage.
Elle avoit ſes quatre-vingt ans,
Et ſe portoit bien pour ſon âge ;
Par malheur elle étoit ſans dents :
Pour ſon appétit quel dommage !
Elle n'avoit plus en partage

Que deux ou trois chicots branlants.
L'uſage fréquent du cliſtère,
La maintenoit en bonne humeur,
Et par le ſecours d'un cautère,
Elle entretenoit ſa vigueur :
Elle conta quelqu'avanture,
Sur la valeur du tems paſſé,
Et fit un tableau bien tracé
Du charme ancien de ſa figure :
Je lui-dis d'un air effronté,
Que j'en étois fort enchanté
Pour le compte de mon Grand-Père,
Qui pouvoit bien avoir été
Témoin jadis de ſa beauté ;
Et qu'elle pourroit encor plaire
A quelqu'amateur entêté
Des tréſors de l'antiquité :
Mais pour une ironie amère,

Elle prit ce trait de gaîté :
Elle avoit la peau d'un vieux faune :
La fabrique de cire jaune,
Que je voyois à ſes deux yeux,
Et ſon nez en forme de cône,
Me tiroient de mon ſérieux,
Et je riois de l'air groteſque
De cette antiquaille arabeſque,
Teinte d'un vernis chaſſieux :
La duegne me chercha querelle,
Croyant que je me moquois d'elle.
Je convins que j'avois grand tort
De ne pas voir qu'elle étoit belle,
Et j'en riois encor plus fort ;
J'en fis auſſi rire les autres ;
Elle en témoigna de l'aigreur ;
Mais calma ſa juſte fureur
En marmotant ſes patenôtres,

Et grimaçant à faire peur.
Voilà pour les places d'honnèur.
La portière étoit occupée
Par un bouru portant l'épée,
Que nous prîmes pour un ſuppôt
De la gabelle ou de l'impôt :
Il avoit une épaiſſe trogne,
Et l'on ſentoit à ſes propos,
A ſon nez rouge, à ſes yeux gros,
Que c'étoit un parfait ivrogne
Qui ne choiſiſſoit pas ſes mots.
Il careſſoit une bouteille,
Dont il avaloit de grands coups,
Et frappoit ſouvent notre oreille
De ſoupirs qui n'étoient pas doux:
Il s'étendit ſur l'importance
Des droits qu'on percevoit en France,
En voulant prouver que Sulii

N'étoit qu'un ignare en finance,
Et qu'on payoit trop peu ſous lui,
Sur le rapport de la balance
Des droits qu'on perçoit aujourd'hui:
Mais un voiſin attrabilaire,
Contre lui ſe mit en colère,
Et le terraſſa d'un regard ;
Il fut donc forcé de ſe taire,
Pour ne courir aucun haſard,
Avec un ſpadaſſin ſévère,
Qu'il prit au moins pour un Houſard.
Ce voiſin qui n'étoit pas tendre,
Etoit un effronté Sergent,
Qui vouloit regagner la Flandre
Pour rejoindre ſon Régiment.
Il ne diſoit pas une phraſe
Sans la larder de jurements:
L'amour, le vin & les ſerments,

De ſes récits formoient la baſe;
Il avoit l'air d'un Raccoleur,
Prêt à gronder, prêt à combattre;
Enfumé comme un Ramoneur,
La canne en main, dans ſa fureur
Nous crûmes qu'il vouloit nous battre;
Mais il voulut bien en rabattre,
Et ſçut remplacer la terreur,
Par les traits de la bonne humeur:
Après avoir vanté la guerre,
Il propoſa de m'enrôler;
Je lui dis que j'avois la pierre,
Et que l'on alloit me tailler:
Il dit des chanſons de tavernes,
Tint cent propos de mauvais lieu,
Et parla ſans reſpect de Dieu
Et des puiſſances ſubalternes,
Qu'il ne connoiſſoit que très-peu;

Enſuite il nous fit faire un jeu,
Où la perdante eſt embraſſée :
Ce jeu répandit le plaiſir
Dans l'ame de la caroſſée.
L'on n'entendit plus que riſée,
Et des cris faits pour aſſourdir :
La Demoiſelle fut baiſée
Huit ou dix fois ſans en rougir ;
Et la vieille auſſi careſſée,
En ſe pâmant de ſouvenir,
S'animoit encor pour bénir
L'Auteur de la bonne penſée.
Pour moi, gêné de mon côté,
Je ne pus ſaiſir que le Moine :
Il fallut lui baiſer la couenne,
Et je n'en fus pas ragoûté :
Sa robbe qui n'étoit pas fine,
Exhaloit un certain fumet

De ſueur, d'ail & de gouſſet,
Qui me ſuffoqua la poitrine,
Et me porta juſqu'au brichet;
J'eus peur auſſi que la vermine
Ne vint me ſaiſir au collet.
J'avois à droite, à ma portière,
Le ſpectre d'un grand Eſtaffier:
Je reconnus à ſa manière
Qu'il étoit pour le moins Huiſſier,
Et qu'il paſſoit ſa vie entière,
A mettre en couleur du papier:
En parlant par poids & meſure,
Il fit en termes de Palais,
Un traité ſur la procédure,
Et la modicité des frais
Dont on élaguoit la facture,
Quoique les tems fuſſent mauvais:
Il ſe plaignoit de l'injuſtice

D'un juge ignorant & maudit,
Qui, par un bisarre caprice,
L'avoit indûment interdit,
Pour s'être rendu le complice
De la fausseté d'un écrit :
Il mettoit sa juste espérance
A faire infirmer la sentence;
Et comptoit trouver à Paris
Des Protecteurs & des amis,
Pour faire punir la licence
D'un Bailli qui, sans compétence,
Vouloit reprimer les délits :
Si j'eusse eu de la patience,
Il m'auroit conté son procès;
Mais il n'obtint point d'audience,
Et je ne me prêtai jamais
Au récit de sa doléance,
De peur d'en partager les frais.

Enfin l'on comptoit pour huitième,
Votre très-humble ſerviteur,
Qui de tout joyeux Spectateur,
Rioit conſtamment en lui-même,
Ou de la Scène, ou de l'Acteur.

Telle étoit la digne aſſemblée,
Dont je partageois les travaux.
Notre gaîté n'étoit troublée,
Que par l'effort des ſoubre-ſauts,
Dont la rechûte accumulée
Nous confondoit dans le cahos,
Et nous meurtriſſoit juſqu'aux os.
La ſuite n'en fut pas heureuſe;
Le mouvement précipité,
Rendit l'atmoſphère infecté
D'une vapeur fuligineuſe;
L'air en paroiſſoit obſcurci,

Et le coche étoit englouti
D'une odeur pire que punaiſe :
Pour compoſer un pot-pourri,
Chacun s'étoit mis à ſon aiſe ;
Et pour n'en pas être le blaiſe,
Je me mis à mon aiſe auſſi.
Sur le chien de la Demoiſelle
On rejetta l'exhalaiſon ;
Elle s'en fâcha tout de bon,
Et penſa faire une querelle,
Pour ne laiſſer aucun ſoupçon
Contre ſon compagnon fidèle :
Quant à moi, je ne diſois rien ;
Mais je ſavois, comme la belle,
Que le fait n'étoit pas du chien,
Et qu'il étoit vraiement chrétien.
Notre compagne décrepite,
Pour balayer ſes inteſtins,

Éclabouſſoit tous ſes voiſins
Par une abondante pituite;
Et par prudence d'eſtomach,
Notre Abbé mâchoit du tabac;
Tous deux, en faiſant la grimace,
De crachats s'arroſoient la face,
Et pouſſoient dans l'air des hoquets
Auſſi ſcandaleux qu'indiſcrets:
Il eut fallu des parapluie,
Des paravents, des parapets,
Pour ſe garantir des effets
De leur choquante intempérie,
Qui nous dégoûtoit à l'excès.
La nuée enfin ſe diſſipe;
Le Soldat veut nous parfumer;
Il prend ſon briquet & ſa pipe,
En nous démontrant par principe,
Qu'à la gloire de tout charmer

Le tabac fumé participe.
Mais au lieu de nous embaumer
Avec l'objet de ses délices,
Il ne fit que nous enfumer,
Comme on enfume des saucisses.
Trois ou quatre des assistants,
Frappés du montant de l'encens,
Se précipitèrent bien vîte
Pour évacuer leur pituite :
Nos habits en furent gâtés ;
Le Moine inonda ma culotte,
L'Abbé trempa ma redingote,
Et l'on jura de tous côtés,
Sans pourtant oser trop maudire
Le Sergent, qui n'en fit que rire.

Mais laissons-là sa belle humeur ;
Il faut que ma muse s'arrête,

Et qu'elle laiſſe à ſon Lecteur
Le tems de repoſer ſa tête,
Et de ranimer ſon ardeur.
La trop longue lecture excède;
L'eſprit ſe ſent appéſanti;
Changer d'objet eſt un remède
Contre le dégoût & l'ennui.

Fin du quatrième Chant.

CHANT V.

LA voiture enfin arrêta
Devant la porte d'une auberge,
Où bientôt l'honnête concierge,
Avec grâces nous invita
A quitter la maſſe roulante,
Et notre ſphère dégoûtante,
Pour manger une ſoupe aux choux,
Qu'on faiſoit préparer pour nous.
Après un moment de ſilence,
L'un dit qu'il ne dînoit jamais ;
L'autre qu'il faiſoit abſtinence
Par dégoût pour les cabarets.
Un autre tira ſa pitence
D'un ſac qu'il mit en évidence :

Moi, je demandai deux œufs frais,
Et je prévis que la dépenſe
N'entraîneroit aucun excès.
Cependant, notre gros Chanoine,
Toujours dévoré par la faim,
Dit qu'il boiroit un doigt de vin,
Et ſe fit ſuivre par le Moine,
Pour l'aider à ſe mettre en train.
Bientôt après leur faim canine,
Dévaſta toute la cuiſine.
On leur ſervit un gros dindon,
Du petit ſalé, des gribelettes,
Du boudin noir, des côtelettes,
Avec un gigot de mouton.
Ils avalèrent juſqu'aux miettes;
Et pour les chiens de la maiſon,
Rien ne reſta ſur les aſſiettes.
Un deſſert en proportion,

Ranima leurs forces éteintes ;
Et craignant l'inanition,
Ils eurent la précaution,
D'avaler chacun leurs deux pintes
D'un vin chargé de mixtion,
Qui leur eut donné des épreintes,
Sans leur forte complexion.
Enchantés de ſe voir à table,
Ils rendoient le plaiſir durable,
Tandis que l'Huiſſier Tourangeau
Et notre vieille impitoyable,
Mangeant du pain, buvant de l'eau,
Faiſoient un tapage du Diable,
Pour qu'on raſſemblât le troupeau.

Quand la ſéance fut finie,
On ſe rembarqua de nouveau ;
Et nos deux Clercs, chauds du cerveau,

Pour ranimer la compagnie,
Dirent des ponts-neufs en duo,
Et jaſèrent comme une pie;
Tandis que l'Huiſſier s'aſſoupit,
Accablé de ſa pénurie;
Mais l'âprêté d'un choc ſubit,
Fit tomber à bas ſa perruque,
Qui vôla le long du chemin,
Et roula dans un champ voiſin:
Il reſta plus ſot qu'un eunuque,
Et confus de nous faire voir
Un chef, moitié roux, moitié noir,
Couvert d'emplâtres ſur la nuque,
Qui nous déceloient un couloir:
La tignace fut maltraitée;
On la raccrocha comme on put,
Après l'avoir bien diſputée
Au vent qui l'avoit emportée:

L'Huiſſier couvrit ſon occiput.
Mais la riſée en devint telle,
Que notre jeune fille fut
Dans la néceſſité cruelle,
De lâcher ſes eaux deſſous elle,
Et que la vieille mère en eut
Une convulſion mortelle;
Mais ſitôt que l'on s'apperçut
De la caſcade naturelle,
On chanta pouille à notre belle.
Le tumulte enfin s'appaiſa,
Et l'on parla de politique.
Effrontément l'on tranſporta
L'Europe, l'Aſie & l'Afrique;
On mit l'Eſpagne en République,
Veniſe dans le Canada,
Et l'on plaça dans l'Amérique
Rome, Vienne *& cætera.*

Nos

Nos ſens devînrent plus tranquiles ;
Mais le Poſtillon s'endormit ;
Et les chevaux, loin d'être agiles,
N'alloient que petit-à-petit ;
Mais par malheur ils déclinèrent
Sous la main du guide dormant,
Et, ſans que nous viſſions comment,
Tout-à-coup ils nous culbutèrent
Dans un foſſé le long d'un champ.
Cette chûte à propos de botte
Devint un déluge de maux,
Qui mirent nos corps en compotte,
Et notre équipage en lambeaux.
L'un ſe tâte, l'autre ſe frotte,
Et chacun lâche de gros mots.
Nos têtes étoient fracaſſées ;
Nous avions les jambes briſées,
Et l'on n'entendoit que des cris,

Sortant du fonds du margouillis.
L'un ſe plaignoit de ſa charnière,
L'autre, du croupion, du coccis,
Du nombril & de l'os pubis.
Chacun juroit à ſa manière;
Et moi, preſſé ſous le monceau,
Accumulé ſur ma portière,
Je ſupportois tout le fardeau
Sur mon ventre, ayant le derrière
Plongé dans la boue & dans l'eau.
La vieille étaloit ſon poſtère,
Plus enfumé que n'eſt Cerbère;
Et le Moine le nez deſſus,
Couvroit de ſes charmes barbus
La difformité de la ſphère.
Notre fille ſe lamentoit;
Et notre Soldat qui peſtoit,
Tombé ſur la belle, qu'il cache,

Vouloit appliquer ſa mouſtache
Sur un minois qu'il convoitoit.
Entre les cuiſſes du bon Père,
Le Chanoine avoit le cou pris ;
Et l'Huiſſier près de moi par terre,
Faiſait en ruant ſa prière
A tous les Saints du Paradis.
J'entendois également braire
L'Abbé ſous le poids du Commis,
Qui lui rendoit le cou démis.
Enfin, après une heure entière,
L'on vint dégager la matière.
Les paſſants, l'obligeant Roullier,
Firent un effort ſalutaire
Pour nous retirer du bourbier,
Et, graces à leur miniſtère,
Chacun put faire un inventaire
Des maux qu'il venoit d'eſſuyer.

L'on ne voyoit que playe & boſſe,
Chacun exagéroit ſon mal,
Et de notre pauvre caroſſe,
On avoit fait un hôpital.
De cette bagarre aſſommante
Je ne ſortis que le dernier.
J'avois une douleur cuiſante
A la ratte, au foye, au géſier,
Et ma langue preſque mourante,
Ne faiſoit que balbutier.
On voulut me mettre en poſture
De m'appuyer ſur ma jointure;
Mais il fallut me raccrocher
Pour m'empêcher de trébucher;
Je découvris qu'une bleſſure,
M'ôtoit les moyens de marcher:
J'avois une jambe démiſe;
Et mon exceſſive douleur

Me fit tomber dans une crise,
Qui couvrit mon corps de sueur :
Je versai des pleurs pitoyables ;
Personne n'osoit m'approcher ;
Et dès qu'on vouloit me toucher,
Je jettois des cris lamentables :
L'on fut donc contraint de coucher
Mes pauvres membres misérables,
Sur un peu de foin exhaussé
Le long du revers d'un fossé.
La position étoit dure,
Et je jurois dans mes regrets,
Que l'on ne me verroit jamais
Reprendre la même voiture,
Quand je devrois être enterré
Hors de la Sainte Sépulture,
Au milieu d'un champ ou d'un pré.
Le Moine, étendu sur la dure,

Avoit au bras quelqu'écorchure ;
A mes côtés on l'avoit mis :
I. invoquoit par de grands cris,
Saint-François, Saint-Bonaventure,
Et tous les Saints blancs, noirs ou gris.
Nous étions de vrais maſcarades.
L'Huiſſier, le Commis, le Sergent
Firent au cocher négligent
Un ample préſent de gourmades ;
Mais il en rendit preſqu'autant,
Et jura d'un ton élégant,
En diſtribuant des ruades.
Pour terminer ces incartades,
Dont j'étois le témoin dolent,
J'invitai mes chers camarades
A partir au plutôt ſans moi,
Me livrant à la bonne-foi
De trois ruſtres aſſez mauſſades ;

Mais dont les ſoins officieux
Me réconfortoient de leur mieux.
Chacun étala ſa miſère,
En exhalant des propos durs,
Et l'on ſe remit dans la ſerre
Pour d'Eſtampes gagner les murs,
Et panſer chacun ſa bleſſure.
Après bien des coups de marteaux,
Pour conſolider la voiture,
Je vis à regret les chevaux
Reprendre leur peſante allure,
Et ſecouer mes commenſaux,
Tandis qu'errant à l'avanture,
Je ne verrois que des Bourreaux.

Je reſtai couché ſur la terre,
En attendant que le bon Dieu
Daigna ſuſciter en ce lieu

Le bras d'un Ange tutelaire,
Qui voulut me tirer d'affaire.
Par bonheur le long du chemin,
Une femme avec ſon âneſſe
Revenoit du Hameau voiſin,
Vendre des pois & de la veſce.
Je lui promis quelque largeſſe,
Si, par amour pour ſon prochain,
Elle me rendoit le ſervice
De me procurer un Hoſpice.
Elle m'aſſura que j'aurois
Chez elle des ſecours utiles,
Que ſûrement j'y trouverois,
Comme dans les plus grandes Villes,
Un *Rebouteur* des plus habiles,
Et qu'en trois jours je marcherois,
Sans avoir beſoin de béquilles;
Elle ajoûta que je pourrois

M'amuſer à jouer aux quilles.
Voulant me tirer d'embarras,
Je me remis entre ſes bras.
Pour mettre à profit la voiture,
L'on m'étendit ſur ſa monture,
Et nous fûmes au petit pas.
Notre Guide menoit la bête;
J'étois en travers ſur le baſt;
Un manant ſoutenoit ma tête,
Un autre ma jambe ou mon bras.
Ainſi, ſans m'occuper du coche,
Dans un Hameau je fus conduit,
Et nous devançâmes la nuit,
Dont le retour paroiſſoit proche,
Et qu'on voyoit venir ſans bruit.

Mais, Lecteur, laiſſez-là ma Muſe,
Si ſon commerce vous endort:

Elle eſt fille de bon accord ;
Et, pour peu qu'elle vous amuſe,
Je la livre à votre tranſport ;
Ne craignez pas qu'à votre effort
Sa complaiſance ſe refuſe :
Son père permet qu'on en uſe ;
Le tout, ſans lui faire de tort.

Fin du cinquième Chant.

CHANT VI.

J'ATTENDOIS avec patience,
Quand un Eſculape Gaſcon,
Et d'une comique preſtance,
Vint me faire ſa révérence,
Et m'ennuier de ſon jargon,
Qui me prouvoit que ſa ſcience
Venoit du côté d'Avignon.
Il avoit, diſoit-il, un baume
Dont je ſerois plutôt guéri,
Qu'entre les mains du frère Côme;
Son ſuccès étoit inoüi,
Et nul porteur de litothôme
N'avoit plus de talens que lui.
Mes beſoins le rendoient hardi;

Il me fit porter dans un bouge,
Et me coucha ſur un chalit,
Dont la tenture jadis rouge,
Par cent-mille trous me ſurprit;
Cette indigne & ſalle dentelle,
Sentoit l'urine, la chandelle,
Et ſon goût ſi fort m'affadit,
Que je vomis dans la ruelle;
Et notre frater s'applaudit
D'un ſoulagement ſi ſubit.
Il me tâtonna d'importance
A la tête, aux jambes, aux reins;
Il me fit avec violence
Sentir la force de ſes mains;
Et j'allois perdre patience,
Quand la véhémence des cris
Fit évaporer mes eſprits.
Dès que ma tête fut repriſe,

On m'étendit deſſus le dos :
Je crus qu'on me broyoit les os ;
Mais le ſuccès de l'entrepriſe,
Fut de voir ma jambe remiſe ;
Et ceſſant d'être un porte à faux,
Je ne ſentois plus tant de maux.
On m'appliqua d'amples topiques,
Du lait, du pain, des lénitifs,
Et d'autres drogues balſamiques,
Qu'on nommoit des confortatiſs.
Le Frater pour hâter la cure,
M'interdit toute nourriture,
Et me mit à l'eau de chien dent.
Mais mon corps en déconfiture,
Ne fut plus qu'un moulin à vent ;
Le ſommeil fuyoit ma paupière ;
Sans goût, ſans faim & ſans amour ;
N'ayant d'appui que le derrière,

Je végétois la nuit entière
Auſſi triſtement que le jour.
J'avois peu d'argent, point de livre;
L'ennui ſiégeoit à mon côté,
Et j'aurois autant aimé vivre
A Marſeille en captivité.
Ma chambre étoit environnée
De fumiers mal ſains & puans.
Mon Frater toute la journée
Alloit viſiter ſes cliens :
Sa femme ſourde, renfrognée,
Et toujours vantant ſes parens,
Dont elle exaltoit la lignée,
Préparoit ſes médicamens,
Et me donnoit la diarhée,
Par la vapeur de ſes onguens,
Dont ma chambre étoit diaprée.
Tous les jours ils venoient me voir

Après leurs travaux, ſur le ſoir :
Le mari vantoit ſa Nobleſſe
Et la quantité de Châteaux
Où pendant ſa tendre jeuneſſe
Il avoit vû cinq-cens vaſſaux
Faire la Cour, près de Bourdeaux,
A ſes parens, dont la richeſſe
Avoit en France peu d'égaux;
Par un renverſement funeſte,
Tout étoit péri dans les eaux,
Ou par la guerre, ou par la peſte,
Et par les plus cruels fléaux :
Enfin, après tant de ravage,
Voyant qu'il ne lui reſtoit rien
Que des talens & du courage,
Il avoit brigué l'avantage
D'être Barbier & Chirurgien,
Pour opérer encor le bien,

Parmi les pauvres d'un Village,
Dont il ſe rendoit le ſoutien :
Quoiqu'il n'eut eu pour appanage,
Que du ſavon & des raſoirs,
Glorieux de ſon héritage,
Il faiſoit un grand étalage
De ſon titre & de ſes devoirs.
Sa femme au moins auſſi bavarde,
Quoiqu'elle fut laide & camarde,
Oſoit parler de ſa beauté,
Dont chacun étoit enchanté ;
Elle étoit encor égrillarde,
Et me traitoit avec bonté :
En voulant me tâter la jambe,
Sa main s'égara de côté ;
Mais, ne me ſentant pas ingambe,
J'eſquivai ſon honnêteté,
De peur d'altérer ma ſanté.

Pour peu qu'elle eut été jolie,
J'aurois pu faire une folie;
Mais je la traitai ſans égard,
Avec la même barbarie
Que la femme de Putiphar.
J'eus encor pour toute reſſource
Un homme vêtu de noir :
Ce plat Curé ne vint me voir
Que pour interroger ma bourſe;
Il quêtoit pour un encenſoir,
Pour les bancs, pour la ſacriſtie,
Les cierges & la Confrairie
Du bienheureux Saint-Entonnoir.
Je lui ſouhaitai le bon ſoir,
Trouvant qu'il ſentai l'eau-de-vie,
Et lui dis que ma maladie,
M'ôtoit tout-à-fait le pouvoir
De poliment le recevoir.

Après environ trois ſemaines
De ſoins, de tourmens & de peines,
Moins chargé d'argent que d'ennuis,
Je payai mes gens & partis.
En partageant leur indigence,
J'avois fait beaucoup de dépenſe
Pour n'avaler que du bouillon,
Tandis qu'ils mangeoient mon chapon;
Et je n'emportois qu'une panſe
Auſſi plate qu'un aviron.

Sur le dos d'une bête aſine,
Je gagnai la Ville voiſine,
Pour ſaiſir le moment précis
De me renfermer dans Paris,
Et de ménager ma foulure,
Pour qui je craignois la froidure.

Dans la boutique d'un Barbier,
L'on travailloit à ma frisure,
Quand je vis passer d'avanture
La brouette d'un Poulaillier,
Qui, sur le bord de sa voiture,
Glorieux comme un Marguillier,
Etaloit sa grosse figure.
Je fis arrêter mon Chartier,
Et fus humblement le prier
De conduire à la Capitale
Moi, ma jambe infirme & ma malle,
Le tout à beaux deniers comptans.
Son humeur étoit joviale;
Le marché fut fait à six francs,
Et sans barguigner plus longtems,
D'une activité sans égale,
Je me fis transporter dedans
Sa charette pleine de paille,

Où je fus flanqué de volaille
Et d'animaux agonifans.
La puanteur étoit immenfe;
J'en reffentois tous les effets;
J'étois fuffoqué de hoquets,
Et je tombois en défaillance.
Par bonheur la cage à poulets
Faifoit très-grande diligence.

Leftement tout le jour entier,
Nous pourfuivîmes notre route,
Et nous ne prîmes qu'une croute
En balottant fur un panier.
Je voyois mon cher camarade,
Chanter, fiffler, fe divertir,
Et quelquefois boire razade;
Car il avoit fu fe munir
D'un reconfortant élixir,

Pour s'empêcher d'être malade.
Pour moi, mis en capilotade,
Las ! je ne cessois de souffrir ;
Je regrettois mon vieux carosse,
Et je n'étois, comme un martyr,
Par tout mon corps que plaie & bosse,
Mon Guide m'avoit garotté ;
J'étois entouré d'une corde
Pour ne point être culbuté,
Et je criois miséricorde,
Sans cesser d'être cahoté
Devant, derrière & de côté.

Au plus grand trot nous avançâmes
Vers les murailles de Paris ;
Et sur le soir nous nous trouvâmes
Dans ce miraculeux pays,
Le séjour fortuné des Femmes,

Le Purgatoire des Maris ;
Où l'on voit plus de corps que d'ames ;
Où l'on a des gens à tous pris.
Je m'acquittai des droits du coche ;
Et, bien dolent de n'avoir plus
Que quarante ſols dans ma poche,
Je rentrai chez moi tout confus,
Pour y vivre comme un reclus,
Sans eſpoir d'y voir une broche,
Qui reſit mes ſens éperdus.

Inſtalé dans ma ſolitude,
Je chantai pour me diſſiper,
Et je me couchai ſans ſouper ;
Mais je dormis de laſſitude.
Le lendemain, très-mécontent,
Je fis part de mon Iliade
A mon Oncle, à ce bon Parent,

Qui m'avoit rendu ſi dolent;
Je lui dis que j'étois malade,
Et que je reſtois ſans argent,
Ayant dans ma belle ambaſſade
Mangé ce que j'avois comptant.
Mais de près, de loin intraitable,
Et de me répondre incapable,
Il rit de mon affliction
Dans ſon réduit inabordable.

Venons à l'application :
Ne comptons point ſur l'entremiſe
De nos Parens collatéraux,
Sur-tout, ſi ce ſont gens d'Egliſe;
Car s'il en eſt de bienfaiſans,
Je conſens qu'on les préconiſe,
Et même qu'on les canoniſe,
Pour ſervir d'exemples vivans

A ceux que l'argent tirannise.
Compter sur ses propres talens,
Sera désormais ma devise.

Encore un mot. Oui, pour toujours,
Mon ame est enfin détrompée;
Et si l'on en croit mes discours,
Oncles trop inhumains & sourds,
On ne fera plus d'Équipée,
Pour implorer votre secours.

Fin du sixième & dernier Chant.

www.ingramcontent.com/pod-product-compliance
Ingram Content Group UK Ltd.
Pitfield, Milton Keynes, MK11 3LW, UK
UKHW021108260726
13994UKWH00002B/776